JN410069

# 광야를 지나가며

겸재 이재호 시조집

교음사

## 시인의 말

할렐루야 창조주 아버지 하나님께서 '그 기쁘신 뜻대로 우리를 예정하사 예수 그리스도로 말미암아 자기의 아들들이 되게 하셨으니' '항상 아버지 하나님께 감사하며' '내가 영으로 찬송하고 또 마음으로 찬송하리라.'

맨몸으로 태어나 무지와 저주 속에서 보혈로 구원을 받고 홍해 건너 광야를 지나오며 주님의 은혜가 아니면 한 순간도 살 수가 없었습니다.

달려드는 독사와 야수를 몰아내시고 가로막는 대적을 물리치고 잡아주시는 주님의 손이 아니면 한 발자국도 뗄 수 없었습니다.

'헐벗은 산에 강을 내며 골짜기 가운데에 샘이 나게 하며 광야가 못이 되게 하며 마른 땅이 샘 근원이 되게' 하시고 불과 구름 기둥으로 인도하시는 주님의 사랑이 한이 없었습니다. 내가 여호와께 간구하매 내게 응답하시고 내 모든 두려움에서 나를 거지셨도다. (시34:4)

바람 같은 세월을 돌아보며 아쉬움을 토로하고 노래하던 것을 시조집으로 꾸며보았습니다.

광야 같은 세상을 지나오면서 '시와 찬송과 신령한 노래들로 서로 화답' 하기 위해 감사하며 감동한 메모들을 모아 우리 민족 뿌리문학의 고유한 정형시에 다가가며 다듬었으나 틀만 맞추기에 급급했고 시조(時調)의 고매한 얼은 엄두조차 못 냈습니다.

나의 못난 '수치를 가리시며 관을 씌워주시고' '내 영혼을 소생시키며 영생의 길로 이끄시는' 주님 앞에 찬송과 영광을 돌려드립니다. 때마다 복음을 먹이며 길러주시고 시감(詩感)을 일깨우신 명성교회 김삼환 원로 목사님께 감사를 드립니다.

서투른 문장을 다듬고 지도하며 호평해주신 이광녕 교수님과 창작준비금에 애써 주신 이민호 선생님, 좋은 책 출판해 주신 교음사 강병욱 대표님께 감사드립니다.

2022년 11월 10일 겸재 이재호

| 광야를 지나가며 |



## 1. 들풀들의 노래

## 2. 아버지의 집으로

## 3. 나 때문에

## 4. 영원한 노래

## 5. 들꽃 향기

# 6. 광야를 지나가며

# 1

# 들풀들의 노래

# 들풀들의 노래

재주도 기댈 곳도 하나 없는 맨몸으로
애초에 하나님이 안기운 일만 품고
심지를
굳게 하면서
농농 향내 피운다

바람이 흘러가는 들판에 굳게 서서
찬란한 빛살과 천수(天水)가 내려오는
하늘만
바라보면서
자손만대 이룬다

# 문학가

도리가 분명하게 글 쓰는 문인들은
떠도는 말과 글에 붓끝을 대지 않고
생각을
퍼올린 먹으로
글을 쓰며 즐긴다

꾸며서 홍보하는 전단지 찌라시나
퍼날라 부추기는 풍설과 헛소문에
문인은
마음 뺏기지 않고
글을 쓰는 선비다

# 민들레

거치른 세상에서 밟히고 찢어지는
서러운 고초 속에 대차게 살아가며
세상에
소소한 향기 날리고
꽃미소를 피우네

매몰찬 비바람에 두들겨 맞더라도
피눈물 흘리면서 매무새 고쳐매고
저 높은
하늘을 날아가며
앙증맞게 웃는다

# 세월

하루해 어정대며
한눈을 팔고 나니
잔적지(殘積地) 남겨두고
흘러간 강물 따라
물너울
일으키면서
사라지는 꽃 안개

문틈에 바라보던
달리는 말을 찾아
창문을 열고 보니
떠나간
광음여전(光陰如箭) 볼 수 없도록
흙먼지만 날리네

# 매화

삼동 내 주눅 들던
양지밭 매화들이

춘분절 돌아오니
생긋생긋 미소 짓네

맹하에
으뜸 초록 동이
신록 속에 품겠지

# 꽃편지

동장군 부라리며 심술을 부리는데
하늘만 바라보던 철없는 일지매가
실눈을
곱게 뜨면서
꽃소식을 전하네

강촌에 흘러내린 산골짝 얼음물이
언 강을 깨워놓고 전해준 꽃편지를
겨울새
남몰래 쪼아보고
떠날 채비 하는군

매서운 눈바람이 산마루 맴도는데
애송이 홍매화가 눈부신 햇살 아래
꽃미소
터뜨리면서
꽃소문을 날린다

## 바람난 명품점

브랜드 앞세워서
겉치레 유세하고

비싸게 놀아나며
갑질로 행세하다

안중에
콧대만 높이더니
눈물 짜는 장사꾼

# 빗속에 피는 꽃

장대비 쏟아지며 홍수가 난리 쳐도
솔숲에 맥문동은 꽃 자태 잃지 않고
물 폭탄
견뎌온 무궁화는
고고하게 웃는다

얼굴이 꺼멓도록 햇살을 맞으면서
덮어쓴 장마 속에 난장판 쑥대밭을
묵묵히
헤쳐 나오며
활짝 피는 꽃 얼굴

# 유언비어

흉흉한 세상이라
가짜가 너무 많아

생각을 재삼하며
말 듣고 글을 쓰네

진리는
십자가 대속하신
오직 예수뿐이다

# 자목련

순(順))하고 방순(芳醇)해서
꽃바람 이는 임아

마음씨 온순(溫順)하고
외모도 순박(醇朴)해서

남몰래
하늘 높이 올라가
고고하게 피는군

# 접시꽃

활 활 타오르는
뜨거운 불꽃처럼

염천에 그리움을
빨갛게 물들이며

저 높이
떨리는 가슴으로
순정 바쳐 피는 꽃

# 창문

내 안에 갇혔다가
캄캄해 살 수 없어

마음 문 열고 보니
세상이 막혔는데

하늘 창
열어젖히니
온 세상이 환하다

# 세월호

못다 핀 봉오리들 시퍼런 파도 속에
엄마를 부르면서 아빠를 찾으면서
눈앞에 자식이 죽어가도 손발 묶인 죄인들

우리의 교만들이 하도 높아 넘어졌고
저희의 탐욕들이 너무 많아 가라앉고
강퍅한 분쟁만 하더니 세월조차 침몰해

끔찍한 맹골수도 희생자 유가족과
고통을 함께하고 눈물을 닦아 주며
엄몰한 세월 뒤로 하고 십자가로 일어선다

# 기도

내 평생 기뻐하고
감사할 일 쌓이지만
마귀가 뺏아 가고
도적질 다 해가니
주님은
감사하며 깨어 기도를
쉬지 말라 하신다

내 앞에 감사하고
기뻐할 일 무수하나
날마다 빼앗기며
다 잃고 주저앉네
약해서
할 수 있는 건
기도밖에 없구나

* 항상 기뻐하라 쉬지 말고 기도하라 범사에 감사하라 이것이 그리스도 예수 안에서 너희를 향하신 하나님의 뜻이니라 (데살로니가전서 5:16~18절)

# 개나리

칼바람 휘두르는 동장군 이겨내고
춤추며 날아와서 꽃방을 열던 봉접
빙긋이
반기는 개나리에
너풀대며 안긴다

피눈물 삼키면서 칼바람 이겨내고
울타리 몰래 넘어 산수유 깨우다가
벌나비
날아오는 소리에
활짝 미소 짓는다

# 맹춘(孟春)

봄 처녀 마중 삼아
남산 넘어 돌아보니

개나리 진달래는
깊은 잠 빠졌으나

수양(垂楊)이
넘실거리며
꽃소식이 있다네

* 맹춘(孟春): 음력 정월, 이른 봄
* 수양(垂楊): 수양버들, 실버들

## 선동꾼

도적은 막지 않고 싸움만 부추기며
십자가 팽개치고 교회를 깨부순다
양들이
우왕좌왕하도록
밤낮 대포 쏜다네

마귀가 부추기는 오만한 신념으로
보혈로 세워주신 주님의 몸이 되는
성전에
대못을 박고
복음 전파 막는다

# 압록강 철교 앞에

철마도 달리다가 힘없이 서버린 곳
오늘도 갈 수 없어 말없이 돌아선다
저기도
내 나라 내 조국
아름다운 우리 강산

어머니 불러보면 한달음 달려올 곳
가슴도 열려있고 다리도 튼튼한데
철길만
강물에 얼어붙어
꿈적 않고 서 있네

# 배롱나무

순풍이 떠나버린 뜨거운 삼복 내내
장대비 몰아치고 땀방울 범벅돼도
눈 부신
단심의 띠 두르고
피어나는 꽃 미소

화무는 십일홍에 꽃시절 지나가도
매끈한 몸매 하고 백날을 꽃 피우며
옷깃이
먼저 떨리는
님의 손길 기다리네

# 영원불변 우리 주님

세상이 달라지니
생활도 변해가고
풍속도 보는 눈도
인심도 달라지네
천지는
그대로인데
사람들만 변한다

세월이 흘러가며
시절이 달라지고
달라진 세상 따라
사람도 변한다네
돌변한
인생도 떠나지만
주님만은 변치 않네

# 고덕천 개망초

스산한 찬바람에
벌벌 떨던 단풍들이

첫눈 발 무섭다고
옥아 들며 뒹구는데

군락을
이루는 개망초가
살랑대며 반긴다

# 2

# 아버지의 집으로

# 귀로(歸路)

눈 비벼 바라봐도 보이지 아니하고
처진 눈 부릅뜨고 알송달송 희미하다
눈총이
멀리 갔나 봐
가물가물 한다네

숨죽여 들어봐도 낌새를 못 차리고
날 세워 다가가도 우물쭈물 난감하다
총기가
먹먹해지며니
멀뚱멀뚱 하다네

멍하고 흐릿해서 헛손질 하게 되고
헛말을 반복하며 헛발로 뒤뚱뒤뚱
갈수록
작아져 가서
아기 되는 본향 길

* 너희가 돌이켜 어린아이들과 같이 되지 아니하면
결단코 천국에 들어가지 못하리라 (마태복음 18:3)

# 꽃샘추위

입춘에 봄바람이
한두 번 날린다고

홍매가 철도 없이
담 넘어 봉긋 대다

황사가
시샘하는 바람에
혼비백산 한다네

# 구원의 십자가

육신이 아플 때는
십자가 병원 찾고

영혼이 병들 때는
십자가 교회 간다

사람들
영육의 구원은
십자가에 달렸네

# 달밤

빈 뜰에 홀로 앉아
밤하늘 바라보니

둥근달 덩시렇게
구름 새로 굴러간다

너와 나
텅 빈 가슴으로
텅 빈 밤을 새우네

# 만추 장미

쓸쓸한 가을비를
아랑곳 하지 않고

단풍이 울고 있는
솔 그늘 홀로 서서

꽃미소
고고하게 피우는
가시 돋친 꽃이다

## 나비와 잠자리

흰 날개 살랑살랑 하늘길 날아와서
춤추는 실바람에 꽃미소 짓고 있는
꿀송이
고이 감싸주며
날개 접고 앉는다

양날개 멈칫멈칫 안갯길 날아와서
잠자는 호숫가에 먹먹히 기다리는
꽃대를
슬슬 맴돌다가
왕눈 뜨고 안긴다

# 힘

빗방울 흘러가서
강줄기 바다 되고

티끌은 쌓이면서
산맥을 이어가며

한 사람
표가 모여들면
권력 줄을 엮는다

# 고궁

위용을 자랑하던 왕들의 궁궐터는
너구리 들쥐들이 독차지 하는 세상
땅속에 숨어있던 벌레들
기어 나와 밥 되네

권세들 짓누르던 캄캄한 지하에서
인고의 십 년 세월 견디던 약충들이
나무에 기어 올라가서
날개 달고 노래하네

고목에 서식하는 개미와 꿀벌들이
어울려 꿀을 따며 꽃세상 만드는데
정탐꾼 장수말벌 왕개미
엿보는 줄 모르네

땅이든 숲속이든 힘으로 차지하고
꾸미다 살아가는 영욕의 고대광실
궁궐은 물고 물리면서
허탕 치는 세상 터

# 풍년가

구슬땀 흘려 적신 들판마다 황금물결
터질 듯 익어가는 논과 밭 오곡백과
흥이 난 어깨춤 따라
노적가리 솟는다

드넓은 밤하늘에 두둥실 떠오른 달
창마다 웃음소리 골마다 풍년가에
더덩실 춤을 추면서
황금물결 타고 가네

## 태양

천지를 찬란하게
두둥실 떠올라서

만상이 생기 나도록
뜨겁게 품어주며

황홀한
옷을 입히곤
돌아가는 광채다

# 오뚜기

걸려서 엎어지고
밀쳐서 넘어지고

차여서 쓰러지고
골백번 동댕이쳐도

중심만
무겁게 잡고
재기하며 춤춘다

# 유월 장미

눈 부신 햇살들이
뜨겁게 내려온다

신록은 넘실대고
밤꽃 내음 농밀하니

궁정에
빨개진 장미 여왕
높은 담을 넘어오네

# 보위(保衛)

천 번을 외침 당해도
남의 땅 침범 않는

동방의 예의지국
고상한 백의민족

유구한
한반도 역사
도도하게 지켰네

하나님 보우하신
삼천리 금수강산

보화로 물려받은
타고난 자유민주

만만세
이어가도록
목숨 바쳐 지킨다

# 생명

연약한 씨앗 하나 태산에 짓눌려도
한 방울 이슬비에 바람만 한 줌 들면
한 올의
실빛을 찾아
바위 뚫고 나간다

볼품도 하나 없고 갖춘 것 없으면서
세상에 제일 작아 차이고 굴리지만
하나님
거저 주신 곳을
결실하며 감사한다

# 환란

국경이 무너지고
백성들 죽어가도

앞장서 쳐부수는
장수가 안 보일 때

입 막고
배겨낼 수밖에
별도리가 없구나

## 행복

방 안에 있을 때는 코 막고 내치지만
인분도 논밭 가면 더 없는 거름이라
매사를
어둡게 본다면
좋아할 일 하나 없네

티격태격 부부라도 홀아비 소원이고
고달픈 직장생활 실직자 꿈이라오
인생을
기쁨으로 산다면
따로 없는 복일세

# 아버지의 집으로

봄철이 가기 전에 일더위 기승하고
숨 죽던 역병마저 장마에 왕성하니
겁먹은
사람들 스스로가
입 막은 채 손을 씻네

계절이 바뀌어도 코로나 꿈적 않고
원숭이 두창마저 호시탐탐 노려보니
난세에
상한 몸을 씻고저
아버지를 찾는다

# 뜨거운 늦더위

입추가 지나가도
만염은 기승떨고

코로나 역병마저
처서에 왕성하니

겁먹고
사람들 피해서
입을 막고 피한다

# 홍매

춘분에 시샘 바람
되돌아 몰아치니

차가운 진눈깨비
추적추적 달라붙네

실눈을
곱게 뜬 매화가
눈물방울 떨군다

# 초갈 바람

간밤을 설친 잠에 사립문 열었더니
햇노란 들국화가 눈앞에 웃고 있네
더위를
무릅쓰고 왔는지
땀방울이 맺혔다

울 밖이 수선하여 동구 밖 나섰더니
떼 지은 코스모스 목 빼고 살랑댄다
삼복 내
고대(苦待)하던 초량(初凉)이
단풍치장 한다고

# 숨결 고르기

물에는 물결 일고 바람엔 바람결이
나무는 나뭇결이 돌조차 결이 있어
저마다
살아온 대로
결이 되는 모양새

사람이 물결치면 인파가 일어나고
바람이 몰아치면 풍파가 일어난다
역풍고
삶의 결인가
어화숨결 골라보세

# 3

# 나 때문에

# 몽돌 해변

매몰찬 비바람에
얼마나 시달릴까

무서운 격랑들이
얼마나 덮쳐올까

눈물을
밤낮 훔치면서도
미끔하게 웃는다

## 2020 개천절

동방 끝 한반도에 하늘 문 열렸던 날
광화문 사통팔방 철통을 걸었다네
어쩌다
백의의 예의지국이
홍익 얼을 버렸나

큰 귀와 열 눈으로 사방을 들을 청이
민심이 천심인 줄 모르쇠로 막아서니
우뚝 선
대왕 성웅도
할 말 잃고 말았네

# 팬데믹 봄

황사가 오기 전에 우환에 뿔난 독침
공중을 날아다니며 무차별 쏘아대니
입 닫고
독방에 갇혀서
벌벌 떠는 열방들

창밖은 만화방초 해맑은 봄날인데
그리운 임을 만나 손 한 번 잡지 못해
사랑방
허허로이 앉아서
누리망 두들긴다

하늘만 바라보고 꽃피는 세상인데
우리도 가슴마다 창조주 모셔놓고
만사를
주님 믿고 사노라면
꽃 필 날이 오겠지

# 복 줄

하늘을 높이 날며 춤추던 풍연(風鳶)들이
더 높이 날 줄 알고 달린 줄 끊는다면
맥없이 땅바닥으로
곤두박질 당하네

자유를 갈망하던 울 안에 가축들이
철조망 걷어내고 마음껏 뛰어놀면
한순간 사나운 야수에게
잡혀가고 만다네

간섭을 말아주고 무관심 해준다면
자유를 누리면서 편할 줄 알았으나
고적이 몰려온 자리에서
뜬눈 밤을 새우네

불평을 없애주고 불만을 채워주면
복 줄을 즐기면서 자족할 줄 알았으나
감사가
떠나는 자리에서
활기마저 빼긴다

# 씨암탉

홰치며 크게 우는
화려한 수탉보다
둥지에 알을 낳고
소리치는 어미닭이
시선을
한 몸에 받으며
알곡 모이 줍는다

알 품던 씨암탉은
어깨에 힘을 주고
쌍 눈을 부릅뜨며
병아리 떼 거느리고
엉덩이걸음짓으로
온 마당을 설친다

# 해변의 밤

총총한 별빛들은
말없이 내려오고

쓸쓸한 백사장은
모래알만 밀려오네

내 마음
훔친 파도는
그리움을 부순다

# 천사 나팔꽃

저 높은 하늘에서
눈부신 꽃이 되어

이 낮은 땅을 보며
고개를 푹 숙인 채

겸손히
미소 지으며
하늘 소리 전한다

# 복주머니 돌리기

복 달라 하기보다 복 담을 그릇 되고
복 받을 생각보다 복 짓는 손이 되어
받은 복
넘치게 담은
복주머니 돌리세

우물물 푸고 퍼야 새 샘물 나오듯이
욕심을 퍼내면서 마음을 비운다면
하늘이
나누고 빈 그릇마다
넘치도록 채운다

# 설강화

수줍은 봄처녀는
동구 밖 주춤대나

산골짝 도랑물이
얼음장 두드리니

눈보라
견디던 설강화가
꽃소문을 터트리네

# 맘 그릇

마음은 살 수 없고
뺏을 수 없다 해도

내 맘을 비우면서
남의 맘 받아들일

그릇만
크게 한다면
사람 마음 모인다

## 한가위

어버이 무릎 앞에 달처럼 모여 앉아
덕담을 피우면서 햇송편 빚어내고
추수를
풍성하게 나누며
감사하는 절기다

끈질긴 코로나가 심통을 부리지만
휘영청 떠오르는 밤하늘 보름달에
어둡던
들판의 오곡백과
둥실둥실 춤춘다

# 잡초

동댕이 당하면서 태산에 짓눌려도
한 방울 이슬비에 바람만 한 줌 들면
빛줄기
따라가면서
바위틈을 뚫는다

갖춘 것 하나 없이 떨어진 외톨박이
차이고 굴리면서 땅속에 묻히지만
하늘만
바라보면서
함박 웃고 나온다

# 장마

태풍을 몰고 오는
삼복의 먹구름은

물대포 쏘면서도
지치지 않는구나

입추가
지나가는데도
그칠 줄을 모르네

## 나 때문에

제자들 배반하고 쇠사슬 묶여 가서
침 뱉고 뺨을 치는 군중들 조롱 속에
날 위해
가시관 쓰고
온갖 모욕 당하셨네

도살장 끌려가는 털 깎인 어린양이
돌멩이 채찍 속에 십자가 메고 가서
입조차
굳게 다물고
대못 박혀 달리셨네

허리에 창 찔리고 물과 피를 쏟으시며
날 위해 죽으신 주 무덤까지 내려가서
사망과
음부의 권세
다 이기고
부활하셨네

# 금수강산

고고한 백두산은 우뚝 솟은 민족의 얼
비바람 몰아치고 눈보라 쏟아지며
청사에 군왕이 명멸해도
꿈적 않고 서 있네

유유한 한강수는 굽이굽이 이어간다
꽃 단풍 피고 지며 숱한 세월 떠나가도
풍파에 아랑곳 않고
변함없이 흐르네

대대로 품고 자란 화려한 금수강산
오랑캐 침노하고 왜적에 짓밟히며
사방이 욱여 싸일 때도
하나님이 지키셨네

착하고 예의 바른 동방에 백의민족
청산의 기상으로 삼해의 심장으로
억만년
살아온 강산
대한민국 만만세

## 물결

사람이 모여들면
마음이 모아지고

마음이 모인다면
물결을 이룬다네

물결이
흐르는 곳으로
피어나는 생명들

# 봉선화

이슬에 젖은 밤을
하얗게 지새우며

사무친 소꿉 사랑
빨갛게 물들이고

한여름
뜨거운 날이
가는 줄도 몰랐지

어린 님 떠나보낸
아픔을 못 이기고

한 맺힌 그리움을
가슴에 콕콕 찧어

절절한
사랑을 빨갛도록
마디마디 새기네

## 재건

건물은 무너지면
복원을 할 수 있고

사람은 넘어지면
재기할 수 있지만

나라는
한 번 무너지면
다시 세울 도리 없네

# 드론 세상

마음이 가는 대로
시선도 따라가고
눈빛이 나는 대로
세상을 펼치는데
더 높이
더 멀리 날며
가림막을 치운다

고옥(高嶽)과 유곡(幽谷) 넘어
풍랑 치는 심해(深海) 속을
발 되고 눈이 되어
사속히 다니면서
못 보던
세상 보여주고
새 역사를 쓰라네

# 둥구나무

뒷동산 치장하던 꽃잎은 떨어지고
한강수 도랫굽이 저 멀리 아물대나
묵묵한 고목나무는
변치 않고 서 있네

눈부신 초원 위에 석양이 굴러가고
산마루 하늘 따라 흰구름 날아가고
세월도 흘러가는데
꿈적 않고 버티네

비바람 맞아가며 눈보라 견디면서
온몸에 상처받고 꼬부랑 된다 해도
길손을 품어주면서
동구 밖을 지킨다

손주가 손주 보며 백발이 성성하고
철새들 노래 따라 꽃단풍 지는 사연
골백번 오가는 데도
홀로 정정(亭亭)하구나

# 4

# 영원한 노래

# 징계

자식을 사랑한 자 근실(勤實)이 징계하고
초달(楚撻)을 못 할 때는 그 자식 어붓이라
경책(警策))이
나에게 없으면
참 아들이 아니네

징계가 당시에는 아프고 슬프지만
후에는 연달(鍊達)한 자 의롭게 빛난다고
주께서
사랑하신 자를
담금질을 한다네

훈계를 지킨 자는 길 찾아 간다 하고
징계를 버리는 자 길 잃고 방황하나
채찍을
달게 받은 자가
월계관을 쓴다네

# 입춘(立春)

동장군 심술 대며
북설풍 몰아쳐도

땅속엔 아지랑이
새봄을 채비하고

갯버들
기지개하며
얼음물을 마신다

## 고도(孤島)

망망(茫茫)한 바다 멀리
일엽편주(一葉片舟) 사라지고

바람을 타고 놀던
백구(白鷗)들 날아가네

파도가
성질 나서 달려드니
눈물 줄줄 흘린다

# 봄바람

뿔이 난 시샘바람
창밖을 두들기고

독기 찬 코로나가
벌판에 가득해도

봄빛은
풍진세상(風塵世上) 내려와서
만화방창 이루네

* 풍진세상: 편안하지 못하고 어지러운 세상
바람 불고 먼지 많은 세상
바이러스 감염으로 일어나는 전염병 세상을 말함

# 춘삼월

맵시를 자랑하는
새순이 꽃망울에

향기도 뒤질세라
온 동네 진동한다

산 너머
먹장 구름떼가
버틴 줄도 모르고

## 영생의 노래

하늘의 하나님이 나 같은 죄인 위해
말구유 아기 되어 이 땅에 오신 예수
십자가
고난 당하시고
무덤까지 가셨네

사망과 마귀 사탄 이기고 부활하신
주 예수 그리스도 천국의 보좌에서
영원히
다스리시는
만유의 주 되셨네

시와 때 알 수 없고 갈 바를 몰라보는
인생길 빛이시며 진리요 생명 되신
주님만
신뢰하고 따라가며
영원토록 찬양하리

# 철쭉

달빛도 비켜 가는
고적한 오솔길에

화려한 연산홍이
눈부신 단장하고

소담한
꽃미소 피우며
가는 봄을 붙잡네

## 산골 소녀

골바람 놀다 가는 비탈진 골짝밭에
산딸기 고이 따며 달래 캐던 산골 소녀
홀연히
가마 탄다더니
감감소식 울렸네

흰구름 날아가는 옹달진 하늘 보며
산까치 벗을 삼아 뽕잎 따던 고운 손
지팡이
구부정히 잡고
할미 고개 넘는다

꽃댕기 입에 물고 그네로 하늘 날며
빨개진 함박 얼굴 애틋한 주름살에
돋보기
무겁게 걸고
세월 주름 그리네

# 개동안부(開冬安否)

불타던 만추단풍
잔불을 정리하고

칼바람 휘두르는
동장군 대비하여

영육 간
강건하시고
대소 안팎 챙기시게

## 춘신

세상을 얼게 하는 찬바람 버티는데
하늘만 바라보던 철없는 매화가지
남몰래
실눈을 띄우며
꽃소식을 알리네

강촌에 흘러내린 산골짝 얼음물이
언 강을 깨워놓고 전해준 꽃편지를
겨울새
남몰래 쪼아보고
떠날 채비 한다네

# 춘매

매서운 눈바람이
산마루 맴도는데

애송이 홍매화가
햇살만 바라보고

꽃미소
터뜨리면서
봄편지를 전하네

# 나무

알몸에 혈혈단신 맨땅에 떨어져서
캄캄한 무딘 땅속 비집고 들어가서
전신이
으깨지도록
몸부림을 친다네

천만근 짓눌리는 흙바위 밀쳐내고
혼신의 힘을 다한 햇노란 싹이 되어
해맑게
세상에 나와
앙증스레 웃는다

## 짝사랑

땡볕을 견디면서
태풍에 당하면서

곱게도 피고 있는
꽃미소 매료되어

물대포
흠뻑 맞으며
사진 한 장 찍는다

## 정월 보름달

겨우내 벌벌 떨며 기죽던 새가슴은
춘첩도 쓸 새 없고 영월(迎月)을 못 가는데
먹구름
헤치고 찾아온 달은
울 어머니 얼굴이네

초정월 대보름에 우수가 덮쳐와서
한낮이 기울도록 심통을 부렸지만
캄캄한
세상을 밝히는 달은
둥실둥실 흘러가네

# 우크라이나 전쟁

러시아 무력 침공 무자비 포격하니
한순간 난장판 된 피난길 뒤로 하고
적 탱크
굉음 앞에서
맨몸 맞선 백성들

합의서 한 장 받고 중무장 해체하다
입춘 절 쏟아지는 포탄 비 불바다라
세계가
긴장을 하고
징비록을 챙긴다

# 까치밥

감나무 꼭두 가지
홀로 남은 빨간 홍시

입동에 안 떠나고
어미 품 매달리다

산까치
훌훌 날아오니
공중 만찬 차리네

# 빨리빨리 근성

외침과 전쟁통에 도망질 피난길로
가난과 억압 속에 쉼 없이 살아오며
바쁘게
빨리빨리 성질이
몸에 젖은 백성들

기쁨도 빨리 잊고 슬픔도 빨리 잊고
바쁘게 달려가며 대충대충 살아가니
크기는
빨리빨리 하지만
구멍 술술 뚫린다

# 파도

먹구름 모여들면 홍수가 일어나고
바람이 몰려오면 풍파가 일어나고
사람들
모여들 때는
세상 풍조 만든다

시냇물 흘러가며 물결을 일으키고
시간은 흘러가며 세월에 물결 되고
인생도
흘러가면서
역사 물결 이룬다

# 고추잠자리

겁쟁이 잠자리가 거리에 쫓겨나서
빌딩 숲 골목길을 헤매며 돌고 돌다
차가운
눈빛에 쫓기다가
새빨갛게 되었네

앉을 곳 하나 없는 종점까지 쫓겨와서
쉼 없는 날갯짓에 구슬땀 흘리지만
두 눈이
왕방울 되도록
울다 울다 떠나네

# 들매

입춘에 우수까지
휭하게 지나가고

역병에 뒷북치는
칼바람이 동동대나

들매는
그래도 물이 올라
실눈 뜨며 넘실댄다

# 5

# 들꽃 향기

# 할미꽃

속 썩인 철딱서니 불효자 한이 맺혀
산마루 올라가니 방실방실 반기시네
동구 밖 바라보시다 목이 굽은 어머니

부평초(浮萍草) 봇짐장수 동가식 서가숙에
등골이 빠지도록 다리가 휘어져도
자식만 가슴에 품고
새벽마다 빌던 손

사랑이 너무 많아 한숨이 무거워서
가슴속 흘린 눈물 짓무른 주름살이
봄마다 산소에 나와
노고초(老姑草)가 되셨네

한(限) 설움 땅에 묻고 봄마다 꽃이 되어
흰머리 곱게 하고 곱사등 흔들면서
봄철 내 자식 그리다
홀로 지는 어머니 꽃

# 어린 단풍

햇노란 소꿉사랑 꽃같이 피어나서
뜨겁게 달아올라 온산을 불 태운다
입동이
찬물을 끼얹으며
그만 가라 이르네

동장군 찾아와도 떠나갈 기색 않고
칼바람 혼쭐내도 떨어질 생각 없네
행여나
어미품 떨어질까
벌벌 떨며 용 쓴다

# 함박눈

밤하늘 소곤소곤
이 땅에 내려와서
포근히 감싸주며
눈물만 흘리다가
말없이
사라져 가는
어머니의 꽃미소

밤새껏 소리 없이
문 앞에 찾아와서
정겹게 안기우며
이야기꽃 피우다
말없이
사라져 간
그리움의 꽃 얼굴

# 홍시

황금 철 사라져간
빈 하늘 홀 연감이
달아오른 사랑으로
빨갛게 달아올라
된서리
하얗게 맞아도
부들부들 매달리네

터질 듯 끓어오른
감칠맛 사랑 안고
끝까지 홀로 앉아
애타게 기다리더니
온몸이
다 부서지도록
까치 품에 안기네

* 연감: 홍시, 터질 듯이 빨갛게 익은 감

## SNS 홍수

포장된 미사여구 엉뚱한 펌글들이
코로나 비말처럼 밤낮없이 날아온다
마스크
쓰기도 힘든데
두 눈까지 가릴까

연달은 태풍 장마 쑥대밭 만드는데
미혹을 거듭하는 퍼나른 유언비어
선동질
혹세무민에
분통마저 터지네

## 쌈꾼

꽃밭이 무성하나
헐뜯는 꽃잎 없고

개미떼 분주해도
싸울 짓도 안 하는데

야수는
만나자 으르렁대고
죽기 살기 싸운다

## 2022년 봄날

역병에 갇힌 세월
낮달도 숨어가고

춘삼월 꽃 시절이
통째로 굴러간다.

손잡고
깔깔대며 웃던 봄
입을 막고 피하네

# 추풍 낙화

삼복을 냉엄하게
소복이 피던 수국

폭탄비 쏟아지는
긴 장마 못 견디고

흙탕물
뒤집어쓴 채
입추 따라 떠나네

# 겨울 아침

새벽잠 스산해서 창문을 열고 보니
빨개져 몰려왔다 우수수 떠난 자리
옥설이
춤추며 내려와
포근하게 감싸네

풍하절(風下節) 호시절에 헤프게 놀아나다
꽃세월 날아가고 된서리 맞던 들판
함박눈
소곤소곤 달래니
하얗도록 웃는다

## 구명구명(九命求命)

일용할 하루 세끼
나누어 먹게 하고

입을 옷 춘하추동
한 벌씩 입혀주며

양손에
이웃을 붙든다면
아홉 명은 구한다네

잎으로 전도하고
영혼을 구원하여

사람을 구할 능력
열 가지 다 이루면

받으리
하늘의 상급
영생토록 복 되리

## 코로나 봄철

영산홍 곱게 피는 모처럼 나들잇길
코로나 눈치 속에 사람들 멀리하고
꽃바람
투정 나지 않나
입마개로 살핀다

해맑은 바람으로 초록빛 단장하고
봉접이 춤을 추는 만화가 방창하나
피난 간
백주대로는
텅텅 비어 있구나

온 세계 무서워서 범유행 선포하고
황사도 피난 떠난 묵묵한 들판에는
서러운
꽃 봄을 달래주려
옥빛 햇살 내려오네

# 청솔 갈비

만산에 독야청청(獨也靑靑)
위용을 뽐내면서

솔향기 발산하던
낙락장송(落落長松) 발등에는

매몰찬
세월에 우수수 날아간
갈잎들만 쌓이네

## 들꽃 향기

무기도 하나 없고 수족도 하나 없이
맨몸을 짓쪼이는 캄캄한 땅속에서
바위틈 뚫고 나오며
미소 짓는 여린 싹

신선한 바람으로 생기를 북돋우며
눈부신 햇살과 철 따라 비를 주는
저 높은
하늘만 바라보고
꽃향기를 날린다.

## 충절

뜨거운 조국사랑
분출하는 용암 같고

굳건한 충성심이
태산같이 우뚝하여

충신은
패기와 열정이
위난 속에 빛난다

# 포도원

때 없는 감염병이
열방을 난동 쳐도

수줍은 얼짜 단장
꽃 잔치 벌이더니

삼복에
깜찍한 초록 동이
올망졸망 달렸네

*얼짜: 이것도 저것도 아닌 중간치
이것저것 조금 섞여서 된

# 성탄절

하늘에 영광이요 땅에는 평화로다
저 높은 보좌에서 이 낮은 땅에 오신
구세주 예수 그리스도
탄생하신 복된 날

평화의 왕이시요 사랑의 주가 되신
전능한 하나님의 외아들 예수님이
죄인을 구원하시려
대속 주로 오셨다

천지를 창조하신 만유의 주이시며
역사를 주관하는 만왕의 왕이 되신
독생자 우리 주님 마구간에
아기 되어 오신 날

동방의 박사같이 양치던 목자처럼
보배함 고이 들고 한밤중 찾아가서
어린양 아기 예수 앞에
경배하며 찬양해

# 연말연시

한해가 기울이면
종종걸음치고 간다

마지막 달력 앞에
못다 한 사연 들고

북새통
이루는 우체국에
줄을 서며 안도한다

연말이 다가오면
누구나 시인 된다

아쉬움 움켜 들고
새 꿈을 새기다가

제야에
종소리가 들리면
너나없이 얼싸안네

# 6

# 광야를 지나가며

# 광야를 지나가며

길 잃고 방황할 때 나의 주 찾아오신
캄캄한 광야에는 별빛도 총총하다
이 기쁜
구원의 광야에서
온몸으로 찬양하네

혼곤해 쓰러질 때 날 안아 일으키신
망망한 들판에도 초연한 꽃이 핀다
샘솟는
은혜의 광야에서
나의 영혼 춤을 추네

불뱀과 야수들을 앞장서 막아 주신
눈물의 골짜기에 꽃구름 흘러간다
영원한
사랑의 광야에서
우리 주님 송축하네

## 동거

싱싱한 과일들은
붙으면 상처지만

평생을 부대끼며
지내는 야초들은

서로가
보듬어 감싸주고
살랑대며 잘 산다

## 굴곡진 역사

고래(古來)로 흘러오던 후삼국 물갈래길
고려로 하나되어 터놓은 고토수복(古土收復)
무능한
왕족들 난장판으로
귀화도에 막혔네

한반도 청산유수 도도한 강줄기가
왕권을 찬탈하고 당쟁을 하는 통에
오랑캐
왜구의 노략질로
쑥대밭이 되었네

눈 멀은 양반다리 불빛을 외면하고
망망한 해양길에 문 걸은 쇄국정책
열국이
빗장 풀면서
일제에게 먹혔네

굴곡진 강을 따라 굽이굽이 휘돌리며
헐벗고 설움 많던 한 많은 우리 민족

하나님
불쌍히 보시고
복음으로 살렸네

고요한 아침의 나라 동방의 백의민족
더 높은 하늘 향해 신실하게 전진하고
서럽게
굴곡질 않도록
손을 모아 기도한다

## 백일홍

삼복내 오매불망
애타는 그리움에
동구 밖 홀로 서서
빨갛게 멍들더니
맹추에
떡비를 맞으며
진땀 줄줄 흘리네

뇌우(雷雨)가 난동 치는
장마를 배겨내며
땡볕에 일편단심
백일을 피던 꽃이
가을비
흠뻑 맞으며
눈물 줄줄 흘리네

# 봄 마중

새봄이 오나 하고
앞 내 방죽 나갔더니

붓꽃과 수국들은
마른 잠에 빠졌으나

실버들
넘늘거리며
꽃소식이 있다네

## 광야에서

망망한 길목마다 나의 주 찾아오신
사랑의 광야에는 초연한 꽃이 핀다
영원한
은혜의 광야에서
내 영혼이 찬양하네

곤하여 쓰러질 때 나의 주 함께하신
기쁨의 광야에는 별빛이 총총하다
영원한
구원의 광야에서
내 영혼이 송축하네

# 소꿉 할미

봄바람 나풀대는
산골짝 도랑물에
물장구 치고 놀던
말 없는 단발 소녀
홀연히 고샅길 돌아가더니
감감소식 되었네

흰구름 날아가는
옹달진 하늘 보며
그리운 소꿉 찾아
첩첩 산 넘고 보니
흰머리 갈바람에 날리는
황혼길이 되었네

산딸기 입에 물고
빨개지던 함박 얼굴
그네로 하늘 날며
노랑머리 날리더니
돋보기 무겁게 걸고
고부랑길 가고 있네

# 임아

빙 둘러 가지 말고
곧바로 오지 그래
둘레길 그 먼 길에
주름살 파였구나
강물이
가로막았으면
손짓 한번 해 보지

에둘러 가지 말고
지름길로 오지 그래
험한 세월 돌아오다
백발이 피었구나
높은 산
가로막혔으면
고함 한번 쳐 보지

# 종소리

어릴 적 찾아오던 종소리 어디 갔나
어둠을 가르면서 골짜기 깨웠는데
가슴을 뛰게 하던 종소리
찾을 수가 없구나

쟁쟁히 울려주던 처마 밑 종소리는
천방지축 우리들을 조아리게 했었는데
어린 꿈 키워주던 종소리
들을 수가 없구나

깨질 듯 소리치던 공회당 종소리는
몽매한 마을마다 신명이 났었는데
산 너머 구름 타고 갔는지
다시 볼 수 없구나

은은한 종소리가 확성기로 커지더니
아우성에 놀랐는지 마천루에 숨었는지
사라진 그 종소리가
지금 나를 울리네

# 첫눈

꽃눈이 찾아오네
말없이 소곤대며

화장도 하지 않고
장신구 하나 없이

꼭 두 밤
하얗도록 세우며
설화공주 그 먼 데를

밤하늘 별을 넘어
추위를 마다않고

외투도 하나 없이
은하를 훨훨 날아

뜨락에
몰래 찾아와서
문 열기만 기다리네

## 마지막 잎새

몰려온 찬바람에 황금빛 모두 잃고
벌벌 떠는 가지 아래 매달린 잎새 하나
쫓기는
입동비를 맞으며
궂은 눈물 흘리네

꽃피고 열매 맺던 숱한 세월 보내놓고
마지막 펄럭이는 달랑 남은 달력 한 장
눈보라
윙윙대는 밤을
토닥거려 덮는다

## 봄은 오는데

꽃 미소 방긋대며 산 넘어 봄이 오네
너울너울 오는 소리 산골짜기 깨우는데
고운 임
오는 소리는
들리지도 않구나

꽃 동네 단장하는 새봄이 돌아와서
들판을 살랑대며 파릇파릇 깨우는데
떠나간
청춘은 돌아올
기미조차 없구나

# 춘매

삼동 내 주눅 들던
양지밭 매화들이

춘분이 돌아오니
생긋뱅긋 웃는다

맹하(孟夏)에
망매지갈(望梅止渴)*이
초록둥이 낳겠지

*望梅止渴: 삼국지에 조조가 전쟁을 나갔을 때 물이 떨어져 장병들이 심한 갈증으로 고통 받는 것을 보고 꾀 많은 조조가 "저 앞에 매실 숲이 있다." 외쳤습니다. 그 말에 군사들은 자신도 모르게 갑자기 입속에 군침이 돌아 갈증을 면하고 목적지까지 갈 수 있었다 해서 매실 생각으로 갈증을 면했다는 망매지갈(望梅止渴) 사자성어.

# 치악산 수양관

지치고 고달프면 육신의 휴양소요
마음의 안식처로 영혼의 훈련장인
치악산
명성수양관을
두 손 들고 찾는다

메말라 갈급하고 힘들고 낙심될 때
만사를 제쳐둔 채 빈 몸에 올라가서
눈물로
부르짖으며
은혜 받아 오는 곳

아버지 집을 떠나 옹고집 잡고 살며
광야를 헤매다가 곤비해 찾아가는
어머니
품속과 같은
탕자들의 집이다

서평

# 본향을 찾아가는 깨달음의 영성과 긍정적 혜안

이광녕 (문학박사, 한국시조협회 고문)

겸재(謙宰) 이재호 시인님은 영성과 지성을 두루 갖춘 이 시대의 걸출한 문사이시다. 대부분의 문인들이 흔히들 시적 감성만을 내세우며 문학적 기교와 예술성의 부각만을 강조하나, 겸재 시인은 그의 아호에서 느낄 수 있는 바와 같이, 늘 하나님 피조물로서의 겸양 자세로 하늘과의 영적 교감을 통해 영원한 생명성을 추구하는 열린 마음의 신실한 시인이다.

일찍이 순자(荀子)는 성악설을 내세우며 인간 내면에 잠재해 있는 어둠의 그늘을 경계한 바 있는데, 이는 기독교의 원죄(原罪) 사상과도 일맥상통한다. 인간의 교만은 글에서도 잘 나타나게 되는데, '펜은 칼보다 강하다.' 하여 현학적인 기교나 과장 비방, 판단을 어지럽히는 난해한 표현 등으로 함부로 붓을 휘두르는 예는 다 이에 해당한다. 우주 만물은 물론 우리의 생명도 하늘에서 내린 것이며, 인심도 천심에서 우러나온 것임을 깨닫는 것은 겸손한 시 창작의 첫걸음이다. 그러므로 겸손한 자의 붓끝에서는 수기치인(修己治人)의 흔적이 역력히 드러나며, 사인여천(事人如天)의 섬김 정신을 실천하려는 의지도 선명하게 나타난다.

생명 수단으로 영적 가치보다는 물질적 가치를 더 중시하는 현대인들은 몰인정하고 강팍한 심성으로 이끌리기 쉽다. 그래서 대부분 문인들도 세사에 쫓기고 생계 수단에 매달려 인간 본연의 본향을 찾아가지 못하고 아무런 보람도 없이 이렇다 할 발자국도 남기지 못하고 허무하게 일생을 끝마치게 된다. 그러나 겸재 시인은 하늘로부터 물려받는 삶의 의미와 참가치를 깨닫고 일찍이 기독교 장로가 되어 그 신앙심을 바탕으로 생명의 글을 쓰면서 진정한 자유에 안착하려는 감수성이 글 속에 다 반영되니, 쏟아내는 글마다 큰 감동을 준다.

신실한 크리스천 장로로서 영적 성장을 중시하는 겸재 시인의 작품세계를 주제에 따라 다섯 분야로 나누어 고찰해 보기로 한다.

### 1. 영성(靈性) 회복과 본향으로의 회귀 의식

'영성 회복'이란 용어는 주로 기독교에서 사용되지만, 굳이 동양철학으로 바꿔 말한다면 '깨달음'이 될 것이다. 깨달음의 방법에는 기독교에서는 기도를 통해 영성 회복을 도모하지만, 논어에선 학이지지(學而知之) 또는 곤이지지(困而知之), 불가에서는 참선수행(叅禪修行)을 통한 돈오점수(頓悟漸修)도 그 하나의 수단일 것이다.

인간이란 본래 피조물이며 한량없이 부족한 존재이기에

창조주를 믿고 따르고 의지할 수밖에 없다. 혹자는 인간의 의지를 내세우며 신앙심을 나약한 인간의 산 유물로 치부하는 경향이 많다. 그러나, 오묘한 우주의 질서와 인체의 신비, 자연 만물의 순환 질서를 생각해 보면 저절로 고개가 숙어지고 미물에 불과한 우리의 존재도 특별하게 창조된 존귀한 실체임을 깨닫게 한다. 겸재 시인은 일찍이 이러한 실존의 식을 갖고 장로님이 되시어 그러한 영적 깨달음 위에서 확고한 신념으로 인간의 영적 구원과 영생의 노래를 시화시켜 읊어내고 있다.

일용할 하루 세끼 / 나누어 먹게 하고
입을 옷 춘하추동 / 한 벌씩 입혀 주며
양손에 / 이웃 붙들면 / 아홉 명은 구한다네

입으로 전도하고 / 영혼을 구원하여
사람을 구할 능력 / 열 가지 다 이루면
받으려고 / 하늘의 상급 / 영생토록 복되리

- 「구명구명(九命求命) 영생구원(永生救援)」 전문

이 글은 기독교의 실천철학을 강조한 말이다. 성경 말씀 중에 "행함이 없는 믿음은 죽은 믿음이다"(야고보서 2:14~28)라고 하였다. 먹을 것 입을 것을 나누어 먹고 입으며, 신실한 믿음으로 이웃에 전도하여 방황하고 있는 불쌍한 영혼들을 구원하면 하늘에서도 큰 상급을 내려 영생 복락을 누릴 거라는 확고한 신념을 시적으로 잘 표현하고 있다. 일찍이 명심보감에서도 '위선자 천보지이복(爲善者 天報之以福)'이라 하였고, 역경(易經)에서도 '적선지사에 필유여경(積

善之家 必有餘慶'이라 하였으니, 동서양을 불문하고 선행을 하면 하늘의 축복을 받는다는 사실은 하나의 믿음으로 자리 잡았다.

신앙인 중에는 믿음이 있노라 하면서도 세상의 흐름 때문에 그 진실한 믿음을 겉으로 드러내지 못하고 미온적 태도를 보이거나 일부러 숨기는 경우가 있다. 그러나 겸재 시인은 자신의 확고부동한 믿음의 자세를 거리끼지 아니하고 문학적 작시 영역에까지 확장시켜 소신 있게 표출해 내니 그 믿음과 실천철학이 큰 감동을 안겨 주고 있다.

하늘의 하나님이 나 같은 죄인 위해
말구유 아기 되어 이 땅에 오신 예수
십자가 / 고난 당하시고 / 무덤까지 가셨네

사망과 마귀 사탄 이기고 부활하신
주 예수 그리스도 천국의 보좌에서
영원히 / 다스리시는 / 만유의 주 되셨네

시와 때 알 수 없고 갈 바를 몰라보는
인생길 빛이시며 진리요 생명 되신
주님만 / 믿고 따르며 / 영원토록 찬양하리

- 「영생의 노래」 전문

이 글을 읽으면 작가가 얼마나 믿음 충만하고 신실한 신앙인가를 느낄 수 있다.

누구든지 인간은 다 죄인이지만 특별히 자신을 죄인 중에 죄인이라고 여기면서 그 죄를 대속하시기 위해 강림하시어 십자가 고난까지 당하신 주 예수님을 절대적 존재로

믿으며 조건 없이 그를 따르고자 하는 신앙인의 지극한 신념이 흘러넘치고 있다.

믿음은 입으로 시인하여 말로 표현하고, 행동으로 실천하여 모범을 보이고, 그것을 글로 표현하여 영원히 남기는 것이 그 완성이라고 본다. 겸재 시인은 신실한 장로로서 이러한 믿음과 구도자의 자세를 온전히 다 갖추고 있으니 그 신심의 깊이가 참으로 깊기만 하다.

하나님의 계획은 지극히 심오하고 무궁하시며 우리 인간의 잣대로는 도저히 잴 수가 없다고(욥 42:1) 한다. 그러므로 이 글의 주제와 같이 어리석은 우리는 전적으로 하나님을 의지하며 따르고 찬양해야 할 것이다. 성숙한 신앙심으로 고난의 인생길도 하나님의 섭리로 은총으로 인식하며 순응하는 자세를 지닌, 겸재 시인의 남다른 신앙심과 시적 표현이 기적을 불러올 것 같아 큰 감동을 준다.

## 2. 화초목(花草木)에 대한 창조적 예찬과 미적 감성

시인이 되면 그 눈높이가 달라진다. 한적한 길가를 지나더라도 길섶에 버림받듯이 한쪽 구석에 피어 있는 애기똥풀이며 개망초꽃 등을 그냥 지나치지 않는다. 그들의 눈빛에서 쏘아대는 연민을 발견하고 그들이 말하는 애원의 소리를 다 들을 수 있기 때문이다.

겸재 시인의 많은 글들은 자연현상에 대한 오묘한 섭리를 노래한 것들이 많다. 땅과 공중에 속해 있는 만물은 시인이 글로써 그 참가치를 찬미해 줄 때, 비로소 아무렇게나 버려져 있던 존재의 누더기를 벗고 그 의미가 새로 부여되어서 개체로서의 참 빛을 인정받을 수 있게 되는 것이다. 그래서 필자는 “시인은 사물에 이름표를 달아주는 존재”라고 피력한 바 있다.

겸재 시인의 이번 시조집에는 화초목에 대한 많은 글들이 여기저기서 반짝이고 있다. 그중에서 「천사의나팔꽃」, 「배롱나무」 두 작품만을 조명해 보기로 한다.

저 높은 하늘에서
눈부신 꽃이 되어
이 낮은 땅을 보며
고개를 푹 숙인 채
겸손히 미소 지으며
하늘 소리 전한다.

- 「천사의나팔꽃」 전문

천사의나팔꽃은 페루, 에콰도르, 칠레와 같은 남미가 원산지이며 노랑, 빨강, 주황색의 꽃등이 흔들릴 듯 매달려 있는 나팔 모양으로 그 모양이 특이하여 관상용으로 각광받고 있다.

그런데 어찌하여 그 꽃이 신앙인의 눈길을 끌고 있을까? 그 꽃이 일반인의 눈에는 그냥 좀 특이한 형태의 꽃이려니 하겠지만, 땅을 향해 내려다보고 있는 통꽃 모양은 크리스천에게는 하늘 소리를 전하는 ‘천사의 나팔’로, 선비들에겐 고개 숙인 겸손한 인간 모습으로 인식될 것이다.

특별히, 성경정신에 투철하여 스스로를 낮추고 비우는 섬김과 겸손이 몸에 배어 있고, 하늘 복음에 늘 귀를 기울이고 있는 겸재 시인에게는 고개를 숙인 그 특유한 모습이

영락없이 하늘 소식을 전해 주는 '천사의 나팔'일 터이니, 남다른 감성이 일 수밖에 없었을 것이다. 성경에서는 "믿음은 바라는 것들의 실상이요, 보이지 않는 것들의 증거"라고 했으니, 믿음이 도타운 시인의 눈에는 천사들이 보이고, 귀에는 그들이 미소 지으며 전하는 은은한 '하늘 소리'가 쟁쟁히 울려 퍼질 것이다.

순풍이 떠나버린 뜨거운 삼복 내내
장대비 몰아치고 땀방울 범벅 돼도
눈부신 / 단심의 띠 두르고
피어나는 꽃 미소

화무는 십일홍에 꽃 시절 지나가도
옷깃이 떨려오는 님의 손길 그려보며
매끈한 / 몸매를 하고
날 보라며 손 흔든다

-「배롱나무」 전문

한 여름철 안동의 병산서원이나 담양의 명옥헌에 가면, 마치 정절의 핏물을 뿌린 듯 붉게 피어난 배롱나무의 꽃무리가 장관을 이루고 있다. 배롱나무는 부처꽃과에 속하는 낙엽활엽수로서 양지바른 곳에서 잘 자라며, 붉은 꽃 때문에 '목백일홍' 또는 '자미화(紫微花)'라고도 부른다. 또 줄기의 표피가 매끄러워 원숭이도 올라가다 미끄러진다고 하여 '미끄럼 나무', 손으로 나무껍질을 긁으면 간지러워 잎이 움직인다고 하여 '간지럼 나무'라고도 한다.

전설에 의하면, 바다 제물로 바쳐질 미모의 처녀를 구한 왕자가 그 처녀와 사랑에 빠지게 되었는데, 왜구가 쳐들어와 나라가 위기에 처하자 100일 뒤에 만나자고 굳게 언약하며 왕자는 전선으로 떠났다고 한다. 그런데 왕자를 학수고대 기다리다가 지친 처녀는 백일이 채 못 되어 병으로 죽어 그 일편단심의 사랑 한이 자줏빛 붉은 꽃으로 피어났는데, 매일 조금씩 피는 꽃이 100일을 넘겨 이어지므로, 사람들은 이 나무를 '백일홍 나무'라 불렀다고 전해진다.

이 글은 이러한 애처로운 일편단심 사랑 사연을 실감 나게 잘 형상화해 놓았다. 삼복더위에 장대비에 어떤 고난이 닥쳐와도 '단심의 띠 두르고 피어나는 꽃 미소', '화무는 십일홍'이라는데, 배롱꽃은 그 인고의 꽃 넋으로 100일이 넘도록 님의 손길 기다리며 매끈한 몸매로 날 보라며 손 흔들고 있으니, 애처로운 여인의 모습이 마치 꿈속의 환영인 듯 눈앞에 아른거린다.

하늘이 내리신 만물 중 화초목에는 우리네 인간이 본받아야 할 아름다운 덕목들이 가득히 깃들어 있다. 매화는 지조를, 대나무는 올곧음을, 난초는 청초함의 품성을 드러내 주고 있다. 그러한 사물에서 아름다운 덕목을 발견하고 그것을 본받을 때 우리는 삶의 방향을 올곧게 변화시켜 아름다운 인생을 창조해 낼 수가 있다. 이 글은 배롱나무의 속성과 생태를 통해서 우리네 삶의 아름다운 팔다리 마디와 참사랑의 가치를 일깨워 주는 인상 깊은 시조이다.

### 3, 순환 질서에 따르는 순응과 순명 의식

무슨 일이든지 순리에 따라 언행을 대처해야 탈이 없다. 명심보감에서도 '순천자흥 역천자망(順天者興 逆天者亡)'이라고 하였다. 이는 우주의 순환 질서와 하늘의 순리에 따라 인생길을 가야 한다는 삶의 대처법을 안내하는 말이다. 그러기에 일찍이 사람의 인격 성장을 나타내는 말로써, 50대에 지천명(知天命)하고, 60대엔 인수(耳順)하며, 70대엔 종심소욕 불유구(從心所慾不踰矩)라고 하였다.

겸재 시인의 글들을 전반적으로 살펴보면, 이러한 하늘의 순환 질서에 따른 계절의 감각이나 오묘한 자연 섭리에 관한 글들이 상당히 많은 부분을 차지하고 있다. 그는 참 신앙인으로서 하늘의 이치를 철저히 따르고자 하는 순응 의식이 투철한 작가이다. 이러한 순응 의식과 순명 의식은 역풍을 불러일으키지 않으며, 하나의 피조물로서 종교적 의미로도 승화되어 만유 존재의 참가치를 깨닫게 되는 계기가 되었으리라 본다.

물에는 물결 일고 바람엔 바람결이
나무엔 나뭇결이 돌보자 결이 있네
저마다 / 살아온 대로 / 결이 되는 모양새

사람이 물결치면 인파가 일어나고
바람이 몰아치면 풍파가 일어난다
역풍도 / 삶의 결인가 / 어화 숨결 골라보세

-「숨결 고르기」 전문

결이란 무엇인가? 흐름이요 순리요 섭리의 결과라고 생각된다. 물과 바람과 나무와 인생길이 다 그 궤적의 질서에 따라 일정 모양의 결이 형성되나니, 그 결의 질서 속에서 어긋나게 되면 역리(逆理)요 풍파가 형성되는 것이다. 작가는 이렇게 결의 질서에 어긋나는 역리의 모습을 '역풍' 이라고 지칭하면서 그것도 하나의 삶의 결이라고 긍정적으로 인식하고 있다.

필자는 하나의 창작시를 평가할 때, 크게 살아 있는 시와 죽은 시로 분류하곤 한다. 살아 있는 시에는 인생의 참 가치를 깨닫게 해주는 자성과 깨달음의 철학이 담겨 있지만, 말장난으로 끝나는 죽은 글에는 아무런 깨달음이나 의미 전달이 존재하지 않는다. 이 시조에는 역풍도 하나의 삶의 결이라고 긍정적으로 인식하면서, 오히려 그것을 '숨결 고르듯 이겨나가리라'라는 삶의 의지를 비유적으로 표현하여 신선한 시상을 제공해 주고 있다. '결'과 '결기'의 철학을 인생과 연관 지어 의미 깊게 표현한 생명력 있는 좋은 시조이다.

눈 비벼 바라봐도 보이지 아니하고
처진 눈 부릅떠도 알쏭달쏭 희미하다
눈총이 / 멀리 갔나 봐 / 가물가물 하다네

숨죽여 들어봐도 낌새를 못 차리고
날 세워 다가가도 우물쭈물 난감하다.
총기가 / 먹먹해지니 / 멀뚱멀뚱 하다네

멍하고 흐릿해서 헛손질 하게 되고
헛말을 반복하며 헛발로 뒤뚱뒤뚱
갈수록 / 작아져 가는 / 아기 되는 내 본향 길

- 「귀로(歸路)」 전문

인생이란 누구든지 그의 본향으로 돌아가는 과정이다. 그 본향으로 돌아가는 과정 중에서 청춘은 눈 깜짝할 사이에 흘러가 버린다. 노경에 들어 젊은이에게 큰소리칠 수 있는 것은 "자네 늙어 봤어? 난 젊어도 봤어" 뿐이다. 나이 들면 눈은 침침해지고 순발력도 떨어지고, 귀도 어두워 멀뚱멀뚱해지고 헛손질 헛발질은 물론 말솜씨도 어눌해지는 게 보통이다.

이러한 일들은 노경에 들면 누구든지 다 겪는 현상이지만, 어느 날 갑자기, 뭐 하나 이루어 놓은 것도 없이 막상 인생의 무대 뒤에서 초라하기 짝이 없는 늙은 자신의 모습을 발견했을 때는 인생의 패배감과 소외감, 그리고 극심한 외로움이 온몸을 휘감아 싸니 자칫 자책감에 빠지기도 한다. 그래서 아일랜드의 유명한 극작가 버나드 쇼는 그의 묘비명에 "내 우물쭈물하다가 이럴 줄 알았다"라고 기록을 남겼으리라.

그런데 이러한 인생의 무상함에도 불구하고 이 글의 종결 부분에서는 의미심장한 깨달음의 메시지가 담겨 있다. 겸재 시인은 이 글의 제목을 '귀로(歸路)'라고 하였는데, "갈수록 작아져 가는 아기 되는 내 본향 길"이 그것이란다. 사실, '작아져 간다'라는 것은 '익은 벼가 더 고개 숙인다'는 겸양의 표현이며, '아기 된다'라고 하는 것은 성숙에서 우러나온 티 없는 순수성으로의 복귀를 뜻한다. 일찍이 맹자께서도 '대인 적자지심(大人 赤子之心)'이라 하여, 군자는 어린이다운 순수성을 갖추어야 한다고 강조하였는데, 이는 성경 말씀에 '어린아이와 같이 되지 않으면 결단코 천국에 들어갈 수 없다'라는 말과 상통하는 것이다.

겸재 시인은 자신을 낮추는 겸양의 자세로 어린이다운 순수성을 지향하고 있으니, 육신은 노경이어도 영혼만큼은 군자요, 새싹 돋는 현자이다. 이 글은 사실 늙음을 한탄하는 '탄로가'가 아니고 '부활의 노래'이기에 매우 소망적이고 신선한 느낌을 준다.

## 4. 사물과 미래에 대한 긍정적 안목과 행복론

흔히들 식자들 사이에선, '복은 비는 것이 아니라, 짓는 것'이라고들 한다. 참으로 긍정적인 말이다. 무슨 일이든지 적극적이요 긍정적인 인생관을 가진 사람에게는 당연히 복은 '짓는 것'이리라. 전통적인 예전의 민속풍습에서는 주로 행복을 추구할 때는 실천궁행(實踐躬行)이나 실사구시(實事求是)에 앞서 기복(祈福)에만 매달려 애원하기도 하였다. 그러나 소망을 이루려 할 때, 진실한 기도나 참선도 꼭 필요하겠지만, 그에 따른 실천이 뒤따를 때에 그 참가치를 발휘할 수 있다. 그래서 성경 말씀에도 "행함이 없는 믿음은 죽은 믿음이다"(야고보서)라고 하지 않았던가?

겸재 시인님의 글들은 전편에 걸쳐 실천철학과 긍정적 인생관을 펼쳐놓은 부활과 영생 구원의 복음서(福音書)라고 할 수 있다. 하늘과 연관 지은 행복의 그림자를 내 안으로 끌어들여 그것을 진솔하고 소박하게 복음의 시상으로 펼쳐 나아간다.

A
복 달라 하기보다 복 담을 그릇 되고
복 받을 생각보다 복 짓는 손이 되어

받은 복 / 넘치게 담은 / 복주머니 돌리세

우물물 퍼고 퍼야 새샘 물 나오듯이
욕심을 퍼내면서 마음을 비운다면
하늘이 / 빈 그릇마다 / 넘치도록 채운다
- 「복주머니 돌리기」 전문

B
방 안에 있을 때는 코를 막고 내치지만
인분(人糞)도 논밭 가면 더 없는 거름이라
매사를 / 어둡게 본다면 / 좋아할 일 하나 없네

티격태격 부부라도 홀아비 소원이고
진땀 뻘뻘 일자리도 실직자 꿈이라오
인생을 / 밝게 본다면 / 복 저절로 굴러오네
- 「행복」 전문

행복의 기준은 무엇일까? 부탄(Bhutan)이라는 나라는 2011년 세계에서 가장 행복한 나라로 꼽히었었는데, 8년 뒤 2019년 조사에서는 95위로 떨어져 불행한 나라로 행복 지수가 급락했다. 이유는 급격한 도시화와 인터넷과 SNS 등의 발달로 온 국민이 자국의 빈곤 상태를 알게 되고 타국들과 비교해 보기 시작하면서부터 행복 지수가 급락했다 한다. 이와 같이, 행복하게 잘 살고 있다가도 남이 더 행복해 보이거나 잘된 사람들과 비교하기 시작하면 그동안 행복했던 삶이 서서히 초라해 보이고 박탈감에 시달리게 되는 것이다.

행복의 기준은 '만족도'이기도 한데, '비교'의 결과는 '상

대적'이기 때문에 잘된 이웃과 비교하면 만족은 멀리 가고 불행의 그림자가 서서히 잠입하게 되는 것이다. 겸재 시인은 이러한 불행의 씨앗들을 오히려 전화위복의 계기로 삼아 행복의 결과물로 꽃 피우고자 하는 복음으로 전하고 있다.

복음(福音)이란 긍정적인 생각과 믿음의 토양 위에서 피어난다. 글 A에서 '복주머니'는 달라는 것이 아니고 복을 담아 돌리라는 것이며, 욕심도 다 퍼내 남을 주고 빈 그릇으로 있으면 하늘의 넘치도록 복으로 채워주신다는 확고부동한 신념을 노래하고 있다. 또 글 B에서는 인분(人糞)의 예를 들어 그 효용가치를 미화했으며, 불화 부부나 힘겨운 직장인도 홀아비나 실직자의 심정을 헤아리면 밝은 마음으로 돌아서게 되는 것이며, 복은 저절로 굴러들어오게 되어 있다고 확신을 노래하고 있다.

행복은 마음속에 있는 것이기에 모든 것이 다 일체유심조(一切唯心造)요, 새옹지마(塞翁之馬)가 아닌가?. 심리학에서 말하는 피그말리온(Pygmalion)이나 로젠탈(Rosenthal) 효과 등이 다 이런 것을 두고 한 말이니, 이러한 겸재 시인의 깨달음 시상이야말로 어두운 세상에 밝은 빛을 비추어 주는 주옥같은 복음서이다.

### 5. 지극한 효심과 우국지사다운 면모

우리의 고유의 전통문학인 시조에는 충효예(忠孝禮) 사상이 면면히 깃들어 있다. 필자가 연구한 바에 의하면, 우리 시조의 약 1/3에 해당하는 작품들이 충효예와 관련이 있다. 사실 '충효예 사상'은 궁극적으로 말하면 우리 자신의 안정된 본향으로 돌아가  정도를 걷고자 하는 실천철학이

집약된 덕목이다. 그러므로 학생들에게 인성교육을 강조하고자 하면 충효예 사상이 내재한 시조(時調)를 필수적으로 가르쳐야 한다.

사랑과 추억을 먹고 사는 시인은 글의 샘터를 주로 어릴 때의 추억이나 낳아주신 어머니를 많이 그려낸다. 특히 문단에 처음으로 데뷔한 시인의 글에는 향수(鄕愁)나 모정에 대한 그리움이 많이 등장하는데, 거기에서부터 정서의 씨앗이 움텄기 때문이리라. 그러다가 문인들은 대개 문단 경력이 쌓이면서 충효예 사상 등 시상의 폭이 차츰 확대되어 이웃으로부터 국가와 세계에까지 그 작시 범위를 넓혀나간다.

겸재 시인은 기독교 장로로서 충효예 사상과 아주 밀접해 있다. 신실한 신앙심을 바탕으로 내다본 주변의 모습은 어둡고 많은 서러움과 모순으로 뒤덮여 있지만, 그는 그것을 순수함과 아름다움으로 전환시켜 찬미의 대상으로 삼고 있어 매 편마다 순수미와 인간미가 흘러넘친다.

속 썩인 철딱서니 불효자 한이 맺혀
산마루 올라가니 꽃 되어 반기시네
동구 밖 / 바라보시다 / 목이 굽은 어머니

부평초(浮萍草) 봇짐장수 동가식 서가숙에
등골이 빠지도록 다리가 휘어져도
자식만 / 가슴에 품고 / 새벽마다 빌던 손

사랑이 너무 많아 한숨도 무거워서
가슴 속 흘린 눈물 짓무른 주름살이

봄마다 / 산소에 나와 / 노고초(老姑草)가 되셨네

한(恨) 설움 땅에 묻고 꽃으로 환생하여
흰머리 곱게 하고 곱사등 흔들면서
봄철 내 / 자식 그리다 / 홀로 지는 어머니 꽃

- 「할미꽃」 전문

이 글의 제재는 '할미꽃'이지만 그 실체는 '그리운 어머니'이다. 부모에게 효도를 다 하지 못한 철천의 한을 '풍수지탄(風樹之嘆)'이라고 하는데, 이 글에는 불효자로서 작고하신 어머니를 그리워하는 풍수지탄의 한이 가득 서려 있다. 산마루 올라가 산소에 할미꽃이 되어 아들을 반기시는 어머니, 어머니는 살아생전에 등골 빠지고 다리가 휘어지고 곱사등이 되도록 아들을 위하여 온갖 궂은일을 다하시었다. 부평초처럼 동가식 서가숙에, 봇짐장수에, 아들을 위해선 무엇에든 희생하시며 새벽기도를 놓치지 않으시었다. 그 한숨과 가슴속 흘린 눈물이, 짓무른 주름살이 쌓이고 쌓여 한이 맺혀 아들이 보고 싶어 산소에 나와 곱사등 할미꽃이 되신 것이다.

이 글에서 화자는 산소에 핀 할미꽃을 어머니의 고생하신 모습이 환생하여 현현하신 것으로 인식하면서, 어머니에 대한 그리움과 자신의 불효심을 절절히 통화하고 있다. 어머니에 대한 그리움과 효심이 사랑의 분신인 할미꽃에 투사(投射)되어, 감정이입 수법으로 형상화해 놓은 시상의 창작기법이 매우 돋보이는 좋은 작품이다.

고고한 백두산은 우뚝 솟은 민족의 얼

폭풍우 몰아치고 설한풍 쏟아져도
청사에 / 군왕이 명멸해도 / 꿈적 않고 서 있네

유유한 한강 수는 굽이굽이 이어간다.
꽃단풍 피고 지며 숱한 세월 떠나가도
풍파에 / 아랑곳 않고 / 변함없이 흐르네

대대로 품고 자란 화려한 금수강산
오랑캐 침노하고 왜적에 짓밟히며
사방이 / 욱여 싸일 때도 / 하나님이 지키셨네.

착하고 예의 바른 동방의 백의민족
청산의 기상으로 삼 해의 심장으로
억만년 / 살아온 강산 / 대한민국 만만세

-「금수강산」 전문

이 글은 시상의 범위를 측근에서 국가로 확장시킨, 민족 정신이 충만한 작품이다.

이 글에서의 대표적인 지명으로 거론된 곳은 '백두산'과 '한강'인데, 그것은 금수강산을 대표하는 대유적 표현으로 등장시켰을 뿐이다. '백두산'은 민족의 얼과 정기가 솟아나는 곳, '한강'은 온갖 풍파에도 지치지 않고 끊임없이 변함없이 흘러가는 민족의 역사를 뜻하니 사실 그 둘이면 휘청하던 나라도 살아나리라.

그런데, 이 글에서 작가가 의도하고 있는 진정한 민족 지킴이는 바로 '하나님'이다. 애국가에도 "하나님이 보우하사"라고 나와 있는 바와 같이, 온갖 외적의 침노와 풍파에도 그것을 이겨내고 면면히 역사를 이어오고 있는 것은 오로지 하나님의 은총 때문이 아니었던가? 그러니 억만년 지켜온 이 아름다운 금수강산이 다시 동방의 예의지국으로 떠올라서 '대한민국 만만세'로 이어지길 고대하고 있다는 화자의 애국적 충심이 크게 공감을 불러일으키고 있다.

> 러시아 무력 침공 무자비 포격하니
> 한순간 난장판 된 피난길 뒤로 하고
> 적 탱크 / 굉음 앞에서 / 맨몸 맞선 양민들.
>
> 합의서 한 장 받고 중무장 해체하다
> 입춘 절 쏟아지는 포탄 비 불바다라
> 세계가 / 긴장을 하고 / 징비록을 챙긴다.
>
> -「우크라이나 전쟁」 전문

겸재 시인은 기독교계 원로로서 존경받는 신앙인이요 문사이시다. 그는 화평과 안정, 그리고 이웃사랑의 철학을 실천하는 겸손한 인도주의자다. 그의 문집에는 이러한 이웃사랑의 사상이 여러 군데 드러나 있는데, '우크라이나 전쟁' 같은 시조는 그 대표적인 예이다. 러시아가 무력으로 침공하여 무자비한 포격으로 쑥대밭을 만들고 우크라이나 백성들이 아비규환을 이루니, 그 뼈아픔을 내 일처럼 느끼고 시상을 펼쳐놓은 것이다.

국가 간 합의서는 약소 민족에겐 상황에 따라 하나의 휴지조각에 불과하다. 힘의 원리가 주도권을 잡기 때문이다. 합의서 한 장 받고 중무장 해체하다 포탄 비에 불바다가 된 우크라이나, 우리나라는 물론 세계가 다 긴장을 하고 유성룡의 『징비록』을 참고삼아 경계할 일이다.

악화(惡貨)는 양화(良貨)를 구축하고, 힘이 없으면 합의도 조약도 무용지물이다. 이 글은 우크라이나 전쟁사태를 들어 세계평화를 염원하고, 더불어 우리나라의 유비무환(有備無患) 정신을 새삼 일깨워 주는, 우국 지심이 잘 드러난 연시조이다.

겸재 시인의 작품세계를 그 주제별로 다섯 분야로 대별하여 분석해 보았다.

그는 인간미와 순수미가 넘치고 기독교 정신에 입각한, 영성과 지성을 두루 갖춘 인도주의자이다. 이웃사랑의 덕을 베풂이 다시 그에게 복을 돌려주고 하늘이 그를 지켜주시기 때문에, 그의 시야에 들어오는 자연과 세상의 모든 사물들은 눈에 들어오기만 하면 어둠은 밝음으로 변하고, 부정은 긍정으로 전환된다. 그러므로 그는 사망의 음침한 골짜기를 헤맬지라도 해를 두려워하지 않는다. 그가 읊어내는 뭇 시혼들은 저주에서 복음으로, 죽음에서 부활로 이어져 새로운 생명으로 탄생한다.

겸재 시인은 필자에게 영성의 깨달음을 주신 영적 스승이시고. 필자는 그에게 '시조'라는 우리의 전통문학을 전수해 드린 바 있는 친밀한 관계이다. 앞으로도 겸재 시인의 아름답고 깊이 있는 영적 시혼이, 잠자고 있는 많은 영혼들을 일깨워서 참 밝음의 복음으로 세상에 널리 퍼져 나아가길 고대해 본다.

광야를 지나가며
겸재 이재호 시조집

2022년 11월 25일 초판 인쇄
2022년 11월 30일 초판 발행

지은이 / 이재호
발행인 / 강병욱

발행처 / 도서출판 교음사

03147 서울 종로구 삼일대로 457 수운회관 1308호
Tel (02) 737-7081, 739-7879(Fax)
e-mail / gyoeum@daum.net
등록 / 제2007-000052호

* 잘못된 책은 바꾸어 드립니다. 값 10,000 원

ISBN 978-89-7814-878-8 03810